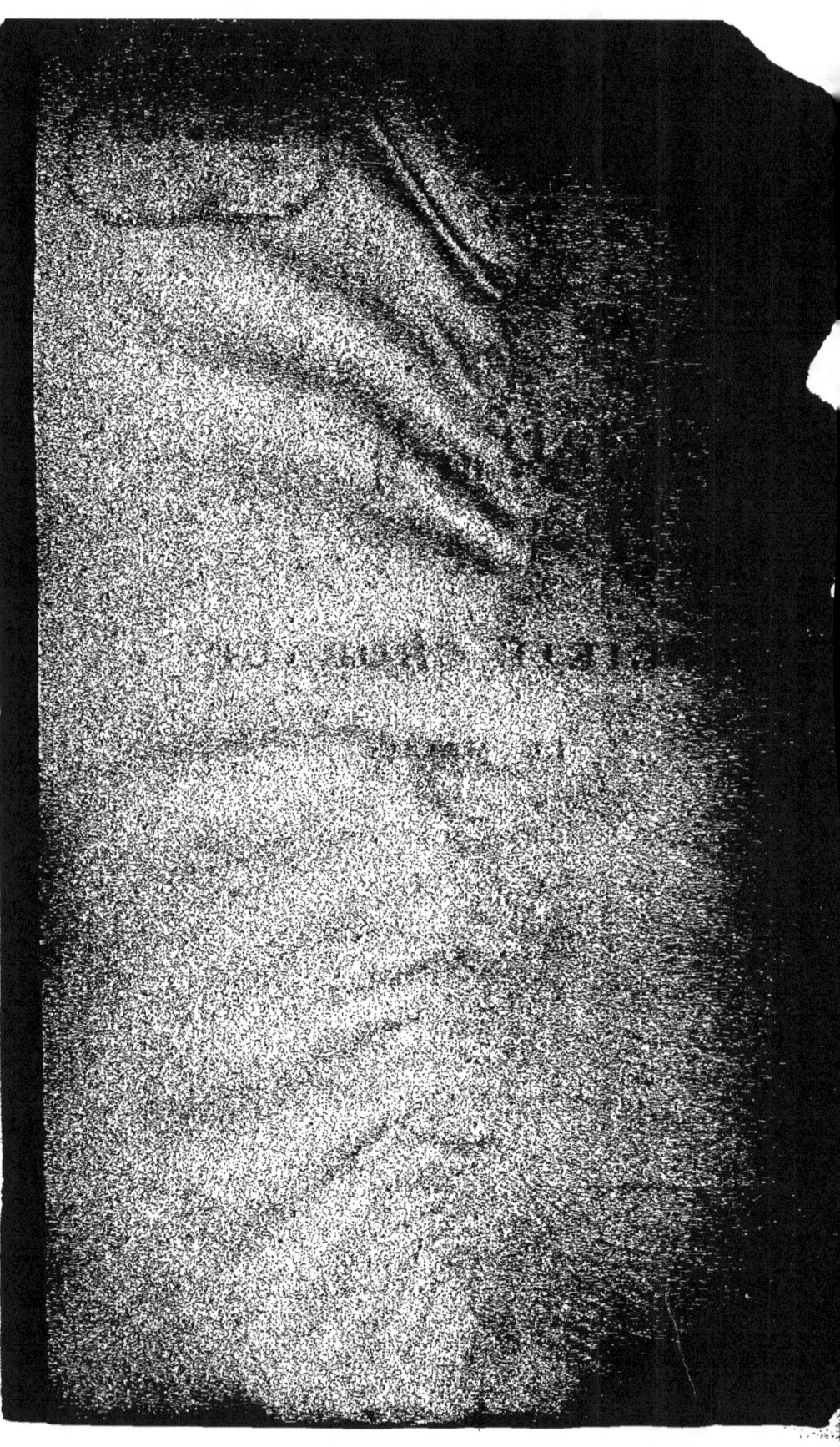

ALBUM

DE LA

SOCIÉTÉ CHORALE

DE MACON

Tiré à 100 Exemplaires.

ALBUM

DE LA

SOCIÉTÉ CHORALE

DE MACON

MACON
IMPRIMERIE D'ÉMILE PROTAT

MDCCCLXVIII

TRIOLET.

J'ai fait imprimer cet album
Pour mes amis de la Chorale;
Exegi monumentulum.
J'ai fait imprimer cet album.
C'est un simple mémorandum
Des temps où chantait la cigale.
J'ai fait imprimer cet album
Pour mes amis de la Chorale.

HISTOIRE

DE

LA CHORALE MACONNAISE

HISTOIRE DE LA CHORALE MACONNAISE.

Dans un salon en fleurs, quand on vient d'introduire
Un visage nouveau, c'est l'usage de dire
Au maître de céans, dans un court aparté
Quelques mots sur celui que l'on a présenté.
  O vous qui présidez ce banquet de famille,
Je viens vous présenter une petite fille,
Un tout petit enfant, qui, malgré ses quatre ans,
Fait déjà le bonheur, l'orgueil de ses parents.
De suite on put juger de sa valeur naissante ;
Ses membres étaient beaux, elle en avait soixante,
Tous bien constitués, tous vigoureux et forts,
Des membres très-actifs et dignes d'un tel corps.
C'est, on peut l'avouer, une enfant phénomène,
Comme l'on n'en voit guère. Au bout d'une semaine
Elle savait marcher toute seule. En un mois
Son chœur avait déjà parlé ; soixante voix
Jaillissaient tout à coup de son gosier robuste,
Et, le plus étonnant, c'est qu'elles chantaient juste.

Cela fut consigné dans son état civil,
En l'an cinquante-huit, le dix du mois d'avril;
Et, sous des flots de vin, en façon d'eau lustrale,
On baptisa l'enfant qu'on nomma *la Chorale*.

   Pour conduire ses pas et lui former le cœur
On lui choisit d'abord un savant directeur.
Pour former son esprit, cette fille si chère
N'eut qu'à suivre en tout temps l'exemple de son père;
Et si de cette enfant les progrès sont cités,
Si l'on vante partout ses rares qualités
De grâce, de savoir, d'élégance, de force,
Elle en est redevable à son père, à *Pellorce*.

   A trois mois, confiante en ses jeunes soldats,
La téméraire veut s'élancer aux combats;
Elle brûlait déjà de se faire connaître.
Son premier coup d'essai fut un vrai coup de maître.
On annonce un concours à Dijon; elle part,
Elle arrive, triomphe. A son jeune étendard
On voyait, au retour de la grande bataille,
En des reflets dorés briller une médaille.
La victoire a livré les lauriers aux conscrits;
A cet heureux début ils se sont aguerris.
La Chorale s'en va chantant; elle promène
Son rire et ses chansons de Londre à Saint-Etienne,
Et la coquette ajoute, en prenant son essor,
A son collier d'enfant d'autres médailles d'or.

Généreuse, elle sait réserver, dans ses fêtes,
La part de l'indigent. Par ses dons, par ses quêtes,
Que de maux soulagés! Trouve-t-elle en chemin
Un malheureux artiste? Elle lui tend la main,
Elle chante pour lui — les artistes sont frères —
Et Dieu bénit ses chants qui montent en prières.
 Elle a pu s'attirer d'illustres amitiés :
Par des bienfaits communs les bons cœurs sont liés!
Souvent, dans nos banquets, sous son archet sonore,
George Hainl a fait vibrer *les échos du Mont-Dore;*
Et que de fois *Nadaud*, ce fils de Béranger,
Vint chanter pour nous seuls et nous encourager
De ses bravos. Souvent, dans nos modestes verres,
Ses chansons ont trempé leurs ailes familières.

. . . .
. . . .

*(Extrait d'un discours prononcé au banquet
de Sainte-Cécile 1862).*

TOASTS

TOASTS.

AUX DEUX CHEFS.

J'aurais voulu, Messieurs, au nom du comité,
Présenter pour dessert à la Société
Le résumé fécond des travaux du semestre.
De là, j'aurais dépeint, en vers à grand orchestre,
La Chorale arrivant, pour son premier essor,
De succès en succès à la médaille d'or.
Mais je vois près de moi des docteurs dont on vante
Justement le talent; à leur voix éloquente
Je cède cet honneur. Au lieu donc d'un discours,
Les meilleurs, quand j'en fais, sont surtout les plus courts,
Je vous propose un toast, et je suis sûr d'avance
Que vous l'accueillerez avec reconnaissance.
Nous avons parmi nous deux hommes, nobles cœurs,
Qui se sont dévoués à nos modestes chœurs.
L'un, grand musicien, instrumentiste habile,
Dirige chaque soir notre troupe indocile,
Tout entier il se livre à ce labeur ingrat,
Pour lui l'art musical est un apostolat.

L'autre, esprit ferme, actif, a, par sa bienveillance
Et son zèle éclairé, conquis la présidence.
Tous deux de la Chorale ils sont l'âme et le bras;
Animés par nos chefs, nous, novices soldats,
Nous n'avons pas eu peur de tenter la victoire,
Et nous avons marché, sur leurs pas, à la gloire.
Tous deux sont notre orgueil. Oh! puissions-nous toujours
Les avoir pour patrons; par leur vaillant concours
La famille chorale aura des jours prospères.
Je bois à leur santé dans ce banquet de frères.
Redites avec moi ce toast parti du cœur :
A notre Président, à notre Directeur !

Banquet de Sainte-Cécile 1858.

GRAND CONCOURS MUSICAL DE MACON.

AUX VAINCUS.

Tel que vous me voyez, je suis un commissaire.
Rassurez-vous pourtant; je ne viens pas vous faire
Un long procès-verbal ni de sombres discours.
Messieurs les Directeurs, grâce à votre concours,
Tout s'est passé sans trouble et sans cacophonie,
Et rien de ce beau jour n'a détruit l'harmonie;
Ainsi que le soleil, tout était radieux.
Mon cœur de commissaire est tellement joyeux,
Que je voudrais porter un toast à tout le monde;
Mais on l'a déjà fait en détail. A la ronde
On a bu largement à tous les lauréats,
A la commission, aux chefs, à leurs soldats.
J'ai soutenu ces toasts avec enthousiasme;
Mais — j'y pense un peu tard — j'ai fait un pléonasme
En buvant maintes fois, comme un musicien,
A la santé de gens qui se portent très-bien.
Un concours, en effet, quoique tout pacifique,
N'est pas moins un combat. Il serait plus logique

D'oublier un instant les vainqueurs encensés
Pour porter la santé des malheureux blessés ;
Ils en ont plus besoin. Ces blessés sont nos frères.
Pour leurs succès futurs je fais des vœux sincères ;
S'ils n'ont pu que briller au second rang, un jour
La gloire les viendra couronner à leur tour.
La fortune n'a pas toujours l'humeur pareille,
Il faut la harceler. Les vaincus de la veille
Se relèvent souvent héros le lendemain.
Honneur donc aux blessés ! Le triomphe est certain
Pour le lutteur tenace, et je suis fier de boire
Aux vaillants directeurs qu'a trompés la victoire.

Banquet du 21 juillet 1861.

A NADAUD.

HISTOIRE DE LA CHANSON.

Par nos chœurs célébrons la fête. O mes amis,
Chantons. — C'est seulement dans notre beau pays
Qu'on chante la chanson. La chanson est française.
Libre et fière, le front au vent, tressautant d'aise,
Elle naquit un jour du vieil esprit gaulois.
Brillante elle apparaît, tout sourit. — A sa voix
Le laboureur, courbé sur sa lente charrue,
L'ouvrier, cette pauvre abeille de la rue,
Trouvent leur pain plus tendre et le travail moins lourd.
Elle s'en va joyeuse et leste, en jupon court,
Semant la belle humeur et l'épigramme folle.
Son rire est un rayon de soleil. — Elle vole
De la mansarde au Louvre, et plus d'un gai refrain,
Sifflant comme une fronde, a frappé Mazarin.
Dans la bouche du peuple elle est une puissance,
Vainement on voudrait la réduire au silence;

En vain on la bâillonne, on la met en prison,
Dans la cage l'oiseau chante encor; la chanson
Sur ses persécuteurs lance à travers les grilles
Ses couplets effrontés éclos dans les bastilles.

Mais on décrète un jour la patrie en danger.
Aussitôt la chanson court sus à l'étranger,
Arrache les grelots de sa robe légère,
Prend une baïonnette et pousse un cri de guerre.

Aux armes! citoyens, formez vos bataillons!
Elle entraîne aux combats les soldats en haillons,
Et le peuple héros, dans l'ardente fournaise,
Par ses cent mille voix chante la *Marseillaise.*
Entendez-vous au loin cette immense clameur?
La France entière a dit son formidable chœur,
Et l'hymne sacré, comme un tonnerre qui gronde,
Avec Napoléon fait tressaillir le monde.

Hélas! aux temps heureux succèdent les hivers,
Après les jours de gloire arrivent les revers.
Pâle et blessée à mort, notre patrie en larmes
Expiait son triomphe. — Écrasés et sans armes,
Les guerriers sont muets. Ange consolateur,
La chanson vient veiller à leur lit de douleur.

Elle redit tout bas les anciennes victoires,
Les drapeaux mutilés, du temps passé les gloires.
Le courage s'exalte à ce grand souvenir,
La voix monte, et, déjà lisant dans l'avenir
Le chant impérial, elle chante à la France
Cette ode qu'à nos cœurs légua la reine Hortense.

Puis le calme revient. On renaît. Les lauriers
Sont coupés, les soldats plantent des oliviers.
Le pays, saluant une aurore nouvelle,
Chante avec Béranger la paix universelle.
Ah! pour les chansonniers c'était là le bon temps!
La chanson a repris ses rires éclatants.
Désaugiers au Caveau la grise de champagne;
L'œil en feu, les bras nus, elle bat la campagne
Et jette son bonnet par dessus les moulins.
Cependant Béranger fourbit ses traits malins.
La chanson devient grave, et son vers satirique
Se change en dithyrambe et parle politique.
Plus de fleurs, plus d'amour; l'insidieux couplet,
En dépit des censeurs, se termine en pamphlet,
Et contre tout pouvoir braquant son escopette,
Il crie et chante faux. — Non ce n'est plus *Lisette*,
Lisette pour les clubs déserte les salons.
Voulant la remplacer, de fades Apollons
Chantent en minaudant d'insipides romances :
L'Azur, mon Ame, à Toi, Soupirs et doléances.

Pendant trente ans les vers, en des rhythmes plaintifs,
S'exhalent langoureux sur des pianos poussifs.
Ah! comme on regrettait l'aimable chansonnette!
Mais Béranger, blotti dans son nid de fauvette,
S'endormait couronné d'un bonnet de coton.
La chanson se mourait. — Qui viendra, disait-on,
Nous délivrer enfin des chants socialistes,
Des phalanstériens et des romances tristes?
N'est-il donc plus chez nous d'esprit et de bon sens?

Enfin Nadaud parut. — A ses premiers accents
La chanson dédaignée a relevé la tête
Et dit, en l'embrassant : J'ai trouvé mon poëte.

Le poëte d'abord, dans le quartier latin,
Fredonne, gai pinson gazouillant au matin.
Son vers vole, emporté par les airs populaires;
Mais l'artiste, cherchant des tours moins ordinaires,
Demande à l'harmonie une douce leçon.
Il est musicien, et bientôt la chanson,
Faisant tinter sa rime avec soin faconnée,
De son cerveau jaillit de mélodie ornée.
Sur les moindres sujets il fait briller des fleurs,
Et la muse est pour lui prodigue de faveurs.
Sans repos, chaque mois, d'une chanson nouvelle,
Zodiaque étoilé, son album se constelle.

Il sait parler au cœur, la satire en ses chants
N'a jamais aiguisé de sarcasmes méchants.
Son goût est toujours pur, et les grâces décentes
Se voilent avec art de rimes transparentes.
Aimé de tous, il n'a que des chants généreux,
Et sa chanson nous berce en des songes heureux.

Nadaud, chantez toujours, la France vous écoute;
Allez, barde honoré, poursuivez votre route.
Marchez la lyre en main. L'avenir est à vous.
Puis aux jours de loisirs, reposez-vous vers nous.
Revenez-nous souvent, les chansons ne fleurissent
Qu'aux pays de soleil où les raisins mûrissent.
Ici votre présence a fait luire un beau jour.
Permettez-moi de boire à votre prompt retour.

Vous, amis, acclamez dans ce banquet de frères
Le chansonnier Nadaud. Pour lui videz vos verres,
Et, par un double toast, apprenez-lui combien
Nous aimons le poëte et le musicien.

Banquet de Sainte-Cécile, 22 novembre 1863.

A MOI.

Comme hier je voulais fêter sainte Cécile,
J'ai cherché par avance, artilleur indocile,
Sur qui, pour cette fois, j'allais braquer mes vers.
Rassurez-vous, Messieurs, et vous, amis très-chers,
Ce soir vous serez saufs, et mon vers monotone
Avec ses pieds boiteux n'écrasera personne.
J'ai fait l'inspection des noms des invités,
J'ai reconnu que tous avaient été fêtés,
Et que tous ils avaient — étrangers ou confrères —
Essuyé plus ou moins mes rimes meurtrières.
Quand j'ai vu que, peut-être, il me faudrait ce soir
Rester silencieux, j'eus un grand désespoir.
Quel désappointement! — Pour un pauvre poëte,
S'il étouffe ses vers, la fête est incomplète!
J'aurais voulu pourtant à notre cher Préfet
Porter aussi mon toast. Mais je l'ai déjà fait.

A notre président, à ce rhéteur insigne,
J'ai laissé la parole; il était le seul digne
D'offrir un compliment, fleuri comme un bouquet,
A ceux dont la présence honore ce banquet.

J'aurais bien adressé des vers au capitaine
Commandant les pompiers, mais ma muse incertaine
N'ose s'y hasarder, elle a peur de parler
Avec trop peu de pompe. — Enfin, au pis aller,
J'avais, faute de mieux, à fêter la Chorale;
Moi, fêter la Chorale! ici dans cette salle,
A quoi bon la chanter? Elle chante vraiment
Bien assez toute seule. — Avec un compliment
J'aurais pu, ciselant un toast non ordinaire,
Proposer la santé du docteur Ordinaire.
De mon noble silence il doit être flatté,
Un docteur ne craint pas de perdre une santé.

Alors, j'ai rengaîné mes rimes de Tolède.
Je me suis dit, tout bas : « Mon pauvre Ganymède,
» Ta coupe est inutile, on ne versera pas
» Des flots de poésie en ce joyeux repas. »
J'allais donc à regret renverser mon amphore,
Quand j'ai voulu songer et réfléchir encore,
Et, par bonheur, j'ai vu que j'avais oublié
Le monsieur avec qui je suis le plus lié.

Ce monsieur a daigné me suivre en cette fête,
Quoique gai quelquefois, c'est un triste poëte;
Mais, malgré ses défauts, je sais l'apprécier,
Car il porte le nom de votre chansonnier.

Cet ami, ce sosie en tous les points m'imite,
Quand vous m'applaudissez, son cœur se félicite.
Il a mon nez, ma taille; il est, comme moi, laid;
Qui nous voit tous les deux voit deux gouttes de lait.
J'ouvre la bouche, il parle. A ma voix il s'arrête.
Quand je mets mon bonnet, il se couvre la tête.
Je marche, il marche aussi. Son ombre suit mon corps.
Quand j'allume un cigare, il fume, et si je sors,
Il sort. Je chante faux, il ne chante pas juste.
Dans tous mes vêtements, dans mon être il s'incruste.
Il poursuit ma pensée en ses moindres replis;
C'est lui qui m'a dicté les vers que je vous lis.
Pour lui, je ne suis pas ingrat; autant qu'il m'aime,
Je l'aime. Si j'écris, il travaille de même,
Et si j'en dois juger par ses airs triomphants,
L'orgueilleux! il se croit père de mes enfants.
Notre amour pour tous deux est un vrai fétichisme,
Et vous pouvez, au moins, m'accuser d'égoïsme
Lorsque j'en dis du bien; mais enfin il m'est doux
De fêter un ami si sincère. Entre nous
Comme tout est commun, je vais prendre son verre,
Et, de grand cœur, je porte un toast à ce bon frère,
A cet autre moi-même en qui j'eus toujours foi;
Je bois donc au meilleur de mes amis, à MOI!

Banquet de Sainte-Cécile, 4 décembre 1864.

A NADAUD.

Je vous disais un jour — ce souvenir m'est doux : —
« Aux heures de loisir, reposez-vous vers nous.
» Revenez-nous souvent, les chansons ne fleurissent
» Qu'aux pays de soleil où les raisins mûrissent. »
Depuis cet heureux jour, le blé sous le battoir
S'est égrainé deux fois, deux fois sur le pressoir
Nous avons vu couler la vendange entassée,
Et vous enfin, Nadaud, donnant une pensée
Aux amis Bourguignons que vous laissiez ici,
Vous êtes revenu; nous vous disons : merci.

Merci, notre Chorale à son banquet de fête
Depuis deux ans n'avait salué son poëte.
Deux ans! pour nous déjà c'est l'arrière-saison.
Nous avons pris de l'âge à défaut de raison.
Après vous, nous avons franchi la quarantaine,
Doublé ce cap terrible où la vague incertaine
Nous pousse malgré nous sous un ciel ténébreux.
Ah! nous avons vieilli! mais vous, chanteur heureux,
Vous êtes toujours jeune.
                    Ainsi que les rapsodes
Vous allez souriant, célébrant dans vos odes,

Sur des modes divers, aux rhythmes éclatants,
L'éternelle jeunesse et l'éternel printemps.
Aimé dans tous pays, partout on vous souhaite.
Entend-on préluder votre muse? — Alouette
Gazouillant dans les airs à l'aube d'un beau jour —
Chacun lui rend hommage et fête son retour.
Quelle est belle et charmante! Elle a la grâce antique
Et le pas cadencé des nymphes de l'Attique.
Anacréon lui fit apprendre pour leçons,
Dans la verte Téos, ses dernières chansons.
Tibur la vit rêver dans sa fraîche vallée;
Horace lui légua sa coupe ciselée,
Cette coupe d'argent recouverte de fleurs,
Où *Glycère* en chantant laissait tomber ses pleurs.
Votre muse à longs traits y but le vieux Falerne
Et, voilant ses appâts sous la gaze moderne,
Elle a su, sérieuse et légère à la fois,
A l'esprit des anciens unir l'esprit gaulois.

Aussi, quand elle chante, en montrant ses dents blanches,
Sa mélodie inspire au cœur les gaîtés franches
Ou ce recueillement qui rend l'homme meilleur.
Dans l'atelier en feu, le rude travailleur
Dit *Grégoire* en frappant sur l'enclume sonore.
Dans les prés, les faucheurs levés avant l'aurore,
Accoudés sur leurs faux, se reposent pour voir
Là-bas, près du clocher, la *Ferme de Beauvoir*.

Quant à nous, nous aimons à suivre votre muse
Sur les sentiers fleuris. Mais quand elle s'amuse,
Lanlaire, à fredonner dans le *Quartier latin*,
Nous nous laissons gagner par son rire argentin;
Nous revoyons, hélas! passer ces jours prospères
Où libres, sans souci, nous n'étions pas *Notaires*.
Nous glanons sur ses pas, en dépit des autans,
Ces beaux épis dorés qu'on gaspille à vingt ans.
Que de fois, en jetant un regard en arrière,
Nous voyons la *Forêt* se remplir de lumière.
L'aile de la pensée a repris son essor,
Par la porte d'ivoire entrent les rêves d'or :
La forêt reverdit. Des formes éthérées
Passent, et l'on entend des voix énamourées
Qui murmurent ces mots que l'on se dit tout bas.
Un corbeau pousse un cri, précurseur des frimas,
Tout fuit. Voici venir le froid et la sagesse.
Adieu *Forêt*, adieu *Vallon de la Jeunesse*,
Les myrtes sont coupés, le lilas est fané,
Et notre cœur n'est plus qu'un *Nid abandonné*.

Comme vous évoquez les douces souvenances,
Tous les âges, Nadaud, répètent vos romances;
Et l'on sent redoubler son amour filial,
Quand on pense avec vous à son *Pays natal;*
Ce pays préféré, le plus beau de la terre.
Un jour, je voyageais dans la triste Angleterre,

L'atmosphère était lourde ainsi qu'au Danemark,
Il pleuvait, il pleuvait. Aux arbres d'Hyde Park
Suintaient le brouillard et le spleen. La Tamise,
Sous les ponts enfumés, roulait son onde grise.
C'était l'été. Perdu dans la foule, j'allais
Au hasard, coudoyé par les mornes Anglais.
Dans l'ombre, tout à coup, j'entendis une femme,
Qui, sur l'harmonium, modulait avec âme
Un de vos airs, Nadaud, la *Valse des Adieux*.
Oh! je n'étais plus seul! Ce chant mélodieux,
Au milieu des brouillards, me rendait l'espérance;
Pour moi, c'était le gai soleil, c'était la France.

Dans vos créations, harmonie ou couplets,
Le ciel de la patrie a de brillants reflets,
Et si vos chants toujours deviennent populaires,
C'est qu'on sent palpiter sous les rimes légères
L'âme d'un vrai poëte et le cœur d'un Français.

Pour nous faire applaudir à vos doubles succès,
Revenez vous asseoir souvent à cette place.
Nous n'y verserons pas dans la coupe d'Horace
Le vieux Falerne, mais franche est notre liqueur
Comme notre amitié. Nous l'offrons de tout cœur,
Et nous nous honorons de la verser pour boire
A vos travaux futurs, Nadaud, a votre gloire.

Banquet de Sainte-Cécile 1865.

À LA PAIX.

Rapport sur la situation politique de la Chorale.

———

Pellorce doit vous faire un rapport imprimé ;
Moi, je vais, avant lui vous en dire un rimé.

Messieurs, voilà bientôt dix ans que votre fille
Poussa son premier cri. Comme elle était gentille !
Quelle carnation, quelles belles couleurs !
Et les parrains ? C'était comme un bouquet de fleurs !
En des langes de soie on berça son enfance ;
Pellorce nourricier veillait à sa défense ;
Un directeur austère, avec componction,
Eut soin de compléter son éducation ;
Il la fit voyager. Je note pour mémoire
Ces voyages marqués chacun d'une victoire.
L'heureux temps ! Nous allions, nomades troubadours,
Chanter par les cités, les bourgs et les faubourgs,
De Laurent de Rillé le brillant répertoire.
Ce grand compositeur peut dire, et c'est notoire,

Que par les Mâconnais il fut exécuté.
D'ici, de là, partout, toujours ils ont chanté
La *Retraite*, la *Nuit*, la *Noce de Village*.
Pour les remercier d'avoir eu ce courage
Et les récompenser d'avoir tant criaillé,
On a donné la croix à Laurent de Rillé.

Notre enfant prospérait. Sa bonté protectrice
Etait à toute épreuve, et sa voix bienfaitrice
Chantait pour l'indigent. Comment les critiqueurs
Nous accuseraient-ils d'avoir de mauvais *cœurs*?
Ils ont dit bien souvent — la critique est ingrate —
Que notre enfant avait la santé délicate.
Ils craignaient pour sa voix les rigueurs de l'hiver;
Peut-être espéraient-ils lui faire changer d'air?
Le conseil était bon pour la pauvre Chorale;
Elle avait grand besoin, ainsi que cette salle,
De réparations. Nous avons réparé
En dépensant beaucoup. Le salon s'est doré;
Nous ne pûmes, hélas! imiter son exemple!
Aujourd'hui ce n'est plus un salon, c'est un temple
Où l'on a, pour nos chœurs, prodigué les amours.
Nous ne chanterons plus ici qu'en grands atours;
Et pourtant notre prix sera toujours le même,
Nous ne demanderons qu'une indulgence extrême.
Comme par le passé, chacun amènera
Ses enfants, ses parents, sa femme *et cætera*.

Ecoutez notre appel, ô membres honoraires;
Tous les ans, donnez-vous la douceur d'être pères;
Ayez beaucoup d'enfants, ayez-en huit ou dix,
Douze si vous voulez, ils entreront gratis.
Par nos concerts nombreux, par cette tolérance,
Nous faisons nos efforts pour repeupler la France.
Du pays la Chorale a donc bien mérité
Puisqu'elle offre une prime à la paternité.

De plus nous octroyons aux membres honoraires
Des plaisirs variés. Nous les traitons en frères.
Allons-nous au concours? comme nous ils ont droit
A s'empiler cent vingt dans un wagon étroit;
Quart de prix, quart de place. Avec six francs par tête,
Ils peuvent assister à nos banquets de fête,
A de vrais *balthazars*. Si les plats y sont courts,
On y fait avaler de plantureux discours :
Discours sur *l'art choral*, sur *l'Orphéon fossile*,
Discours sur *Amphion* et sur *sainte Cécile*.
Puis de la poésie... En des sujets divers
En a-t-on débité, de grands, de petits vers!
Moi-même, trop souvent... Messieurs, par politesse,
Daignez me pardonner un tort que je confesse.

Enfin, notre Chorale, avec ses beaux discours,
Se croyait, l'orgueilleuse, assise pour toujours;

De George Hainl, de Delsarte et de Nadaud amie,
Elle était devenue une autre Académie.
Ce fut là son malheur, car elle s'endormit
Comme une Académie..... Un soir, elle frémit
En rêvant. Une voix susurre à son oreille ;
Par ce bourdonnement surprise, elle s'éveille,
Elle écoute : ce n'est qu'un léger son d'abord ;
Le son devint bientôt un murmure discord ;
Le murmure s'étend avec un bruit bizarre,
Il monte et tout à coup il éclate.... en fanfare.

C'est ici que l'auteur se trouve embarrassé !
Sur ce terrain brûlant glissons d'un pas pressé ;
Comment vais-je en sortir? J'aurais bien moins de peine,
Je crois, à terminer la Question romaine.
Notre ville était donc divisée en deux camps,
Et les deux camps chauffaient des volcans de cancans.
On conspirait tout haut, en profonds politiques,
Et l'on se ruinait pour avoir des pratiques ;
A qui disait concerts, on répondait galas,
Puis encor des concerts, des bals, des tombolas.
Ah! si la concurrence est l'âme du commerce
Il faut que la musique ait l'âme bien perverse !

Nul parti cependant ne fut en désarroi,
Et lorsque nos rivaux, en ouvrant le tournoi,

Comme les anciens preux, poussèrent leur cri d'armes :
La FANFARE GUERRE A, méprisant les alarmes,
Nous avons répondu : LA CHORALE BRAVE EST.

Pourtant on n'en vint pas aux mains. Le feu couvait
Sous la cendre, les chefs se faisaient des yeux louches
Et parfois les soldats tentaient des escarmouches.
On m'a dit, *horresco referens*, qu'un ténor
Trop léger s'était pris de bec avec un cor.
— Ce cor ne devait pas être un cor d'harmonie. —
Du bec on passe à l'ongle et, sans cérémonie,
Ils se tombent tous deux. C'est un duel à mort.
Puis le cor s'aplatit sous un dernier effort.
Le ténor triompha, mais non sans écorchure ;
En tombant, il s'était assis sur l'embouchure.

Ceci nous prouve, amis, qu'aux combats hasardeux
Pour faire une omelette, on casse beaucoup d'œufs ;
C'est une vérité de Monsieur La Palisse.
C'est tout un de combattre ou plaider en justice.
Le gagnant perd toujours, et souvenez-vous bien
Que de tous les procès le meilleur ne vaut rien.
De la saine raison écoutant les prières,
Rentrons dans le carquois les flèches meurtrières
Et ne nous lançons plus que des traits.... d'union.
Ayant mêmes travaux, même communion,

Nos deux sociétés sont faites pour s'entendre.
Espérons que bientôt elles sauront se tendre
Les bras et s'embrasser d'un cordial élan.
Puissions-nous donc, Messieurs, les voir au nouvel an
Renouer les doux nœuds de la vieille alliance.
J'attends cet heureux jour avec impatience,
Et ce sera pour moi le comble du bonheur
De presser tendrement un *piston* sur mon cœur.
Plus de rivalités, plus de cacophonie,
Et faisons, s'il se peut, renaître l'harmonie
Qui veut de l'unisson et des accords parfaits.
C'est ce que je souhaite en buvant *à la paix*.

Banquet de Sainte-Cécile, 20 novembre 1857.

CONCOURS D'ORPHÉONS

ET DE DÉSAGRÉMENTS.

CONCOURS DE DIJON

1858.

Air de *la Petite Margot*.

Depuis un mois les chanteurs de la ville
S'étudiaient à pousser des sons faux,
Quand, un beau soir, leur directeur habile,
Georgis, leur dit : Ecoutez, chers *choraux*.

« Si vous saviez comme à Bourg on vous traite,
» Ils vont disant, les critiques jaloux,
» Que vous chantez sans cesse la *Retraite*,
» Et que bientôt elle battra pour vous.

» Ah! songez-y, tout Mâcon vous regarde;
» C'est à Dijon qu'il faut prendre l'essor
» Pour conquérir de grands pots de moutarde,
» Du pain d'épice et des médailles d'or. »

Aussitôt dit, on se met à l'ouvrage;
Maître *Georgis* abuse des leçons.
Pendant deux mois nous chantons avec rage
Les *Gardes-Chasse* et le chœur des *Maçons*.

Pour quatre francs nous avons l'avantage
D'être empilés dans de sombres caissons.
Jusqu'à Dijon nous charmons le voyage
En répétant *Gardes-Chasse* et *Maçons*.

Air du *Vin à quat'sous*.

Enfin nous débarquons
Par une nuit obscure.
Pringuet cherche à tâtons
L'hôtel qu'il nous procure;
L'hôtel où nous parquons
N'était qu'une masure.
Par un escalier délabré,
Le long d'un mur tout effondré,
Nous entrons fort peu rassurés
Dans deux cabinets emplâtrés.
Sur des matelas rembourrés de clous,
En des draps brodés de crasse et de trous,
Nous nous entassons sens dessus dessous.
Mais quand on est membre d'un chœur
On n'a pas peur
D'un mal de cœur.

Au milieu des cris
De ce noir taudis
Nous nous coulons dans nos langes.
A peine je dors,
J'ai partout le corps
Des démangeaisons étranges.
Je saute à terre en renversant deux chaises;
J'allume un bougeoir
Et vais au miroir :
Spectacle hideux!
Insectes affreux!
J'étais couvert de punaises.

Mes pauvres voisins
Ont mêmes destins.
Sur son lit chacun se roule.
Fronts empunaisés!
Bras martyrisés!
Chaque membre est une ampoule.
Nous sommes pleins de piqûres atroces.
On ne vit jamais, moi, je le soutiens,
Du temps des païens,
Autant de chrétiens
Livrés aux bêtes féroces.

Dès le matin nous nous mettons à table;
La nappe était blanche comme un charbon.
Nous avons eu pour menu confortable
Très-peu de plats, mais aucun n'était bon.

On nous servait des *rátas* de concierge,
Du vieux veau froid, de la vache en ragoût,
Et de l'hôtel si la fille était vierge,
Le vin nouveau ne l'était pas du tout.

Dans mon grenier j'avais pour ma toilette
Une cuvette au vernis très-grossier;
En déjeunant j'ai revu ma cuvette
Qui se donnait des airs de saladier.

Nous absorbons dans une lourde tasse
Du café noir filtré par des chaussons.
Maître *Georgis* avec les *Gardes-Chasse*
Nous fait chanter encor les *remaçons*.

Air du *Vin à quat'sous*.

Après nous entendons
Une messe en musique.
De là nous nous rendons
Sur la place publique.
Longtemps nous attendons
Sur la place publique.

Auprès d'un arbre rabougri
Nous cherchons en vain un abri,
Quand des Messieurs trop décorés
Nous alignent en rangs serrés.
Les fanfares sonnent le branle-bas,
Les drapeaux flottent sur leurs échalas,
Les maisons sont pleines du haut en bas;
On nous applaudit à grands tours de bras,
    Et nous défilons pas à pas,
    Comme à la fête du bœuf gras.

Air de *Venise*.

Sous le feu d'un soleil qui darde,
Et manquant de tout parasol,
Devant les marchands de moutarde
Nous patrouillons en mi-bémol.
Après avoir, pour la revue,
Fait deux heures le pied de grue,
Le maire, avec ses *nucipaux*,
    Dit aux *choraux*
Une harangue fort civile.
Mais, à part ce désagrément,
    Assurément,
Dijon est une bonne ville.

Enfin nous sommes en place.
Quel parterre de bourgeois !
Nous chantons les *Gardes-Chasse*
Pour la deux centième fois.
Delsarte applaudit lui-même.
Bravo ! Nous recommençons,
Et pour la deux cent-unième
Nous rechantons les *Maçons*.

Bravo ! bravissimo !
Le bourgeois à gogo
Applaudit notre mélodie.
   A cette comédie,
   Nous disons *in petto*,
   Bravo ! bravissimo !

Après notre grand air,
Nous prenons un air fier ;
D'un pas de magister
Nous nous donnons de l'air.

Bravo ! bravissimo !
Le bourgeois à gogo
Applaudit à notre sortie,
   Et nous par modestie,
   Nous disons *in petto*,
   Bravo ! bravissimo !

En descendant, *Georgis* fait la grimace,
On l'interroge; il nous dit sans façons
Que nous avons raté les *Gardes-chasse*,
Et sans vergogne écorché les *Maçons*.

On se sépare, on court prendre la goutte.
Les plus gourmands achètent des gâteaux.
Moi je vais voir s'il n'est pas quelque croûte
A dévorer au salon des tableaux.

Chacun se livre à divers exercices.
Pringuet commande à la gare un banquet;
Pour avoir trop mangé de pains d'épices
D'autres s'en vont... Mais, chut, soyons discret.

Le lendemain nous rattachons nos guêtres
De grand matin, et, les pieds tout meurtris,
Nous avalons cinq à six kilomètres
Pour aller voir distribuer les prix.

Vers le kiosque on grimpe, on se renfonce;
Mon habit neuf dans le dos est fendu.
On bat aux champs, et le maire prononce
Un beau discours qu'on n'a pas entendu.

Nous attendions, en fumant sur l'herbette,
Quand tout à coup, ô triomphe éclatant!
Maître *Georgis* bondit d'une banquette,
Et dans ses bras nous enlace en chantant :

Air des *P'tits Agneaux*.

Ohé! les p'tits agneaux,
On a la médaille.
Célébrons la bataille
Par mille bravos.
Vive le ténor,
Le baryton, la basse-taille.
On a la médaille,
La médaille d'or!

Ohé! les p'tits agneaux,
La médaille oblige.
Votre victoire exige
De nouveaux travaux.
Montrez aux rivaux
Que c'est le bon droit qui vous nomme,
Et travaillez comme
Des petits agneaux.

Banquet de Sainte-Cécile 1858.

LE GRAND CONCOURS DE PARIS

1859.

Air de *Renaudin de Caen.*

Ainsi que l'an dernier, ce soir,
Messieurs, j'aurais été bien aise,
A la Chorale mâconnaise,
De donner des coups d'encensoir.

Mais aujourd'hui mes tristes vers
Ne chanteront pas la victoire :
Oublions à force de boire,
Au bruit des verres, nos revers.

Vous le savez, sur cette terre,
Le bonheur est très-éphémère ;
En fait de chants, en fait d'amours,
On n'a pas même ardeur toujours.

Air du *Chemin de fer*.

Ohé! ohé!
Chemin de fer, ohé!
Comme ça marche, comme ça marche;
On est foulé, refoulé,
Bousculé,
C'est pis que l'arche
De Noé.

Un coup d'sifflet, et la chaudière
Rugit avec un bruit d'enfer.
On part. On pass'devant Tonnerre
Aussi rapide que l'éclair.
En prenant la crampe, à ma place,
Des yeux je dévorais l'espace...
Et voilà tout ce que j'ai pris
Depuis Mâcon jusqu'à Paris.

Ohé! ohé!
Chemin de fer, ohé!
Comme ça file, comme ça file.
Nous arrivons meurtris,
Endoloris,
Dans la ville
De Paris.

Air de *la Petite Margot*.

Nous débarquons. Après bien des déboires,
Chaque orphéon cherche à loger son chœur.
Les Mâconnais s'en vont ru' des Victoires ;
D'autres, hélas ! vont ru' du Grand-Hurleur.

On se promène en courant. Chacun bisque
De n'avoir pas un pied plus diligent.
Charles Gros veut monter dans l'Obélisque
Voir l'invalide à la tête d'argent.

Puis, tout à coup, un peuple à flots déborde.
En rangs serrés, nous jouons aux soldats.
On voit des gens, place de la Concorde,
De tous pays, même des Auvergnats.

Les Béarnais ont une toque blanche,
Et Carcassonne a l'accent provençal ;
Les Mâconnais ont l'habit du dimanche,
Et nous entrons au Palais de cristal.

———

Air des *Dragons de Villars*.

Quand le choriste a bien trotté,
Qu'il arrive mouillé, crotté,
  Qu'il soit bien, qu'il soit mal,
Il faut d'abord qu'il pense au festival,
Avant tout, avant lui le festival.

Chantonne, mon fils,
Chante, coûte que coûte,
C'est Paris qui t'écoute
Et c'est toi qui pâtis.
Oui, chante mon fils,
Paris est charmé,
Demain tu seras enrhumé.

Chantez sans regrets
Vos chœurs, vos couplets,
Et je vous promets
De bien beaux succès.
Chantez, chantez tous
Vos refrains si doux,
Demain Paris se moquera de vous.

Voilà, voilà, gai musicien,
L'opinion du Parisien,
Ah! n'en disons rien.

———

Air du *Salut aux Chanteurs*.

Salut! aux chanteurs de la France,
Aux députés du travail et de l'art.
Ordre, progrès, voilà leur espérance;
Amour et foi, voilà leur étendard.

Dans ce palais de l'industrie
On déjeune avec du vieux pain,
De vieux bouts de charcuterie,
De l'eau croupie et pas de vin.

Salut! aux chanteurs de la France!
On a donné de la couenne et du lard,
Et par malheur ce lard était tout rance.
Amour de lard, voilà leur étendard.
Ce beau palais n'est qu'un affreux bazar. *(bis)*
    Salut! salut! salut!

Air des *Huguenots*.

Pauvre *Pinchard*, ils t'ont trahi;
Le déjeuner s'est évanoui.

Air de *la Petite Margot*.

Près d'une table immense mais fragile
Nous nous poussons et des pieds et des mains;
Nous étions bien à peu près quatre mille
Pour dévorer quarante petits pains.

On nous livrait de la sale salure,
Des saucissons d'un goût d'ail imprégnés,
Du lard à l'ail, et c'est là, je le jure,
Les seuls *mets d'ail* que nous ayons gagnés.

Pour oublier cette maigre pitance,
Nous n'avons vu paraître aucun dessert,
Et tristement, en se serrant la panse,
Charles Gros dit : C'est là tout ce *qu'on sert ?*

Air de *Malborough*.

Delaporte à sa tour monte,
Mironton, ton, ton, mirontaine,
Delaporte à sa tour monte
Si z'haut qu'il peut monter.

Il lève sa baguette,
Mironton, ton, ton, mirontaine,
Il lève sa baguette,
Et nous levons le nez.

Puis il prend une prise,
Mironton, ton, ton, mirontaine,
Puis il prend une prise
Et se mouche à trois temps.

Je vois venir son page,
Mironton, ton, ton, mirontaine,
En gilet de basin :
C'est l'illustre Bazin.

Air de *la Noce de Village*.

Chut! faisons silence :
C'est le festival qui commence.
Ah! voyez que d'élégance
Et que nos choraux sont bien mis.

La cohue, en rage,
Se fraye avec peine un passage.
Mais voyez cet équipage,
Crions tous, vivat! mes amis.

Vive à jamais! vive l'Impératrice!
La protectrice
Et la reine du chœur.
Salut, honneur,
Honneur à l'Empereur.

Air de *la Petite Margot*.

C'est un élan général qui transporte;
Les cuirassiers soufflent dans leurs pistons.
Vivat! vivat! Et Monsieur Delaporte
Brandit son grand bâton, et nous chantons :

Allons, plus de guerres, *(bis)*
Soyons frères.

En écoutant ce chœur si pacifique,
Les gens heureux croyaient tous à la paix.
O doux pouvoir de la douce musique!...
Nous avons eu la guerre un mois après.

  N, i, ni, c'est fini,
 Que le ciel en soit béni.
  N, i, ni, c'est fini,
 Le festival est fini.

Comme j'étais commissaire,
Ces bons Messieurs du jury,
Me prenant pour un confrère,
Me font dîner chez Véry.

  N, i, ni, c'est fini,
 Que le ciel en soit béni.
  N, i, ni, c'est fini,
 Le festival est fini.

Assis autour d'une table garnie,
Nous agitons les intérêts de l'art,
Les merveilleux progrès de l'harmonie
Et les flacons de Grave et de Pomard.

En arrosant nos doctes conférences,
Nous raisonnons à perdre la raison,
Et le jury, malgré les ordonnances,
Met un dièse à son diapason.

Air de *la Famille de l'Apothicaire*.

Tandis que ces causeurs grivois
Passent du bémol au bécarre,
Je me retire en tapinois
Et je vais fumer un cigare.
Escorté de Jacques Lambert,
De mes parents c'est le plus proche,
J'entre au théâtre et l'on me sert
Un tronçon d'*Anguille sous Roche*.
Ah! c'est un bien triste dessert
D'avaler *Anguille sous Roche*.

Pendant la nuit, dans tout Paris, } *(bis)*
On entend des chants et des cris.
Que de choraux un peu pochards
Titubaient sur les boulevards.

Je ne veux pas suivre les pistes
    Des choristes.
  Ah! voilons les erreurs
    Des chœurs,
Par respect pour les mœurs.

  Puis le lendemain,
  Cahier à la main,
Au concours on folichonne.
    Nous pensions cett' fois,
    Par nos belles voix,
Conquérir une couronne.

Monsieur D'laporte,
Que le diable l'emporte,
Met notre examen
A la Porte-Saint-Martin.
Nous gagnons l' matin
La Port'-Saint-Martin.
Le soir... nous gagnons la porte.

Air du Tra, la, la.

Pour moi, pauvre poëte
Ou pauvre troubadour,
Voilà ma pensé' nette,
Sans fard et sans détour :
Si, dans cette bataille,
Malgré notre savoir,
Nous n'eûm's pas la médaille,
Nous aurions pu l'avoir.

Sur l'air du tra, la, la, la,
Sur l'air du tra,
Deri, dera,
Tra, la, la.

Banquet de Sainte-Cécile 1859.

CONCOURS DE LYON

1864.

Air de *la Patrouille*.

Ils étaient quarant' choristes
Qui débarquaient de Mâcon ;
Pour admirer ces artistes
Tout Lyon est au balcon.
On disait quelle ripaille
Au pays des saucissons,
Si nous gagnons la médaille,
Nous l'arros'rons sans façon ;
Mais *Pinchard* leur dit comm' ça :
Quel est celui qui régale ?
Sapristi, qu'est-c' qui paîra
    La goutte à la cho,
      A la cho, cho,
Sapristi, qu'est-c' qui paîra
    La goutte à la cho...rale ?

Air de *la Petite Margot.*

Nous patrouillons, quel long ruban de queue,
Tout en fumant et chantant à la fois.
Monsieur *Guimet* s'avance en blouse bleue,
Et les soldats prussiens sont en bourgeois.

Les Marseillais ont le poing sur la hanche;
Les Stéphanois chantent en *la* mineur;
Les Mâconnais, tous en cravate blanche,
Sont escortés de leurs membres d'honneur.

Notre Chorale a la santé légère;
C'est un grand corps qui se soigne très-bien,
Car il ne peut faire un pas sans notaire,
Sans médecin et sans pharmacien.

Air de *la Patrouille.*

Ils étaient dix mille artistes
Sur le quai de l'Hôpital :
Des fanfarons, des choristes,
De tous lieux, mèm' du Cantal.
Sur les payés de la ville,
Qui n' sont pas des plus coquets,
Bannière en tête on défile
Tout le long, le long des quais.

Mais *Pinchard* nous dit comm' çà :
On s'essouffle sur leurs pistes ;
Sapristi, qu'est-c' qui paîra
  La goutte à ces cho,
   A ces cho, cho,
Sapristi, qu'est-c' qui paîra
  La goutte à ces cho...ristes ?

Tout en suivant la rue Impériale,
On contemplait *Pellorce* et ses choraux ;
Lyon disait : Quelle belle chorale,
Beau président, que tes membres sont beaux !

Punch et bischoff circulent à plein verre ;
Monsieur *Pinchard*, pour s'éclaircir la voix,
Sans respirer boit trois choppes de bière,
Contre l'avis du bon Monsieur *Lacroix*.

Puis nous courons, ah ! quel métier de nègre,
Au Grand-Théâtre ouvrir un large bec,
Et nous trouvons pour jurés Monsieur *Zègre*,
Messieurs *Duprez*, *Bazin*, *Melchisédec*.

Air : *Sur les bords de l'Ohio.*

Ré, mi, fa,
Fa, sol, la,
Nous entrons pas à pas
  Au pas,
Comm' des soldats.

Alors la salle entière
Applaudit la bannière,
Et chacun dit : Voilà,
    Ah! ah! ah!
Et chacun dit : Voilà
Les *Soldats d'Attila*.

Sur le bord d'une loge,
Un jury mal choisi,
Fort peu digne d'éloge,
Se trouvait réuni.
Il ouvrait grande bouche
Comme pour dire : Oh! non!
Ce procédé me touche,
Moi, trouver lui pas bon.   *(bis)*

Pourtant, malgré cela,
Les soldats d'Attila,
    Ah! ah!
Donnent le *la*.
Ils chantent : Quel ensemble,
Toute la salle en tremble,
Et l'on dit : Ce sont là,
    Ah! ah! ah!
Et l'on dit : Ce sont là
Les *Soldats d'Attila*.

Air de *la Famille de l'Apothicaire*.

Enfin viennent les Marseillais,
L'*Avenir* de la Cannebière ;
Ils chantent comm' des Marseillais,
Comme on crie à la Cannebière,
Et le jury, trop Marseillais,
Trop ami de la Cannebière,
Nous fait voir que les Mâconnais
Ne sont pas de la Cannebière.
Hélas ! les pauvres Mâconnais
Ne sont pas de la Cannebière.

Air de *Cadet-Roussel*.

Duprez dit qu'en leurs deux morceaux
Les Marseillais ont chanté faux ;
Mais qu'il faut bien qu'on encourage
Les sociétés en bas âge.

Ah ! ah ! ah ! oui vraiment,
Monsieur Duprez est bon enfant.

Monsieur Bazin nous dit encor
Que le Marseillais n'est pas fort ;
Mais il faut qu'on le dédommage
De ses dépenses de voyage.

Ah ! ah ! ah ! oui vraiment,
Monsieur Bazin est bon enfant

Air de *la Patrouille.*

En s'esquivant de l'estrade,
Les jurés vont un peu tard
Manger du veau, d' la salade
Au banquet de l'Alcazar.
Dans ce banquet magnifique,
Où nous n' somm's pas invités,
On boit, on parle en musique
Et l'on porte nos santés;
Et *Pinchard* de s'écrier :
On s'fich' des orphéonistes,
On f'rait bien mieux de payer
  La goutte à nos cho,
   A nos cho, cho;
On f'rait bien mieux de payer
  La goutte à nos cho...ristes.

Air de *Joseph.*

A peine au sortir d'la séance,
Pellorce, un président flatteur,
Dans un discours plein d'espérance
S'en vient réchauffer notre chœur.

Un second prix, s'il faut l'en croire,
Est un succès très-éclatant;
Que d'orphéons, dans Saône-et-Loire,
Ne pourraient pas en dire autant!

Air du Mirliton.

Enfin, vaille que vaille,
En dépit des jaloux,
Vous avez la médaille
Un' médaill' de cent sous.

Si Marseille a l'*Avenir*,
L'avenir est pour Mâcon,
Et vous saurez revenir
Plus glorieux de Dijon,
En jouant du mirlitir,
En jouant du mirliton.

Banquet de Sainte-Cécile 1864.

CHANSONS

ET CRIS DU *CHŒUR*.

MONOGRAPHIE DE LA CHORALE DE MÂCON.

1

Nous avons un' Choral' chez nous
Dont tous les accords sont si doux,
Mais si doux qu'en la voyant apparaître
Les bons bourgeois vont fermer leur fenêtre.

Do mi sol do, chantons, gais compagnons,
Les choristes bourguignons.

2

Dans tout Mâcon, quel bruit, quels cris;
Ce sont de tels charivaris
Que les sergents de ville et les gendarmes
Et les pompiers courent prendre les armes.

Do mi sol do, chantons, gais compagnons,
Les choristes bourguignons.

3

Quand la Chorale, sans façons,
Chanté la *Noce* et les *Maçons*,

Ne sachant plus où donner de la tête,
Les auditeurs entonnent la *Retraite*.

Do mi sol do, chantons, gais compagnons,
    Les choristes bourguignons.

4

Tous les choraux au grand complet
Ont fait exposer leur portrait,
Et chacun dit en contemplant leurs têtes :
Ah ! les beaux homm's, ah ! les drôl's de binettes.

Do mi sol do, chantons, gais compagnons,
    Les choristes bourguignons.

5

La Chorale a pour étendard
Un foulard bleu piqué d'un dard.
A ce drapeau, témoin de nos batailles,
On voit briller un collier de médailles.

Do mi sol do, chantons, gais compagnons,
    Les choristes bourguignons.

6

En tête de ces beaux choraux
Le président est des plus beaux.

Pour son faux-col, pour son œil, pour son torse,
Pour ses discours on admire *Pellorce*.

Do mi sol do, chantons, gais compagnons,
   Les choristes bourguignons.

7

   Un diapason, un archet,
   Voilà les armes de *Bravet*.
Ce directeur nous mène à la baguette
Pour nous apprendre à chanter à tue-tête.

Do mi sol do, chantons, gais compagnons,
   Les choristes bourguignons.

8

   Fier comme un chevalier du guet,
   Au premier rang marche *Pringuet*,
Et s'il perçoit l'impôt sur nos futailles
Il en impose encore aux basses-tailles.

Do mi sol do, chantons, gais compagnons,
   Les choristes bourguignons.

9

   A cause de son chant, *Saulnier*,
   De la Chorale est chansonnier.

Quand tout est prêt, qu'il n'est plus rien à faire,
Il sait tenir l'emploi de commissaire.

Do mi sol do, chantons, gais compagnons,
    Les choristes bourguignons.

10

Nous avons *Lacroix*, nous l'avons
Nommé pour veiller sur nos fonds.
Ce trésorier, se trompant de formules,
Change parfois notre argent en pilules.

Do mi sol do, chantons, gais compagnons,
    Les choristes bourguignons.

11

A son nez qui n'est pas camard
On reconnaît Monsieur *Pinchard*.
Par ses lazzis, son humeur égrillarde,
C'est notre appui, c'est notre *Vieille-Garde*.

Do mi sol do, chantons, gais compagnons,
    Les choristes bourguignons.

12

Portant les cahiers dans ses bras,
Maître *Dupuy* ne chante pas.

S'il faut payer une note un peu forte,
Dupuy l'écrit et l'*affiche* à la porte.

Do mi sol do, chantons, gais compagnons,
    Les choristes bourguignons.

13

  Malgré leurs cris et leurs chansons,
  Les choraux sont de bons garçons.
Si la patrie avait besoin d'un brave,
Gros coifferait son bonnet de zouave.

Do mi sol do, chantons, gais compagnons,
    Les choristes bourguignons.

14

  A la Chorale de Mâcon
  Vidons encor plus d'un flacon.
Buvons, buvons, l'ivresse au chœur est bonne;
Il faut toujours qu'une chorale entonne:

Do mi sol do, chantons, gais compagnons,
    Les choristes bourguignons.

Fête de Saint-Clément, 1862.

LA CHORALE ET SES NEUF ANS.

REFRAIN.

Nous fêtons, gais enfants,
 En famille,
 Notre fille,
Nous fêtons, triomphants,
La Chorale et ses neuf ans.

1

Avez-vous gardé mémoire
De ce beau jour où l'histoire
Inscrivit, pour notre gloire,
Notre nom sans précédent ;
De ce jour où la Chorale,
Par tendresse filiale,
Fit dans l'urne électorale
De *Pellorce* un président.

Nous fêtons, gais enfants,
  En famille,
    Notre fille,
Nous fêtons, triomphants,
La Chorale et ses neuf ans.

2

Le conseil de préfecture,
La banque et l'architecture,
De la jeune créature
Eurent le premier baiser,
Et même, chose notoire,
Le *Journal de Saône-et-Loire*
Usa toute une écritoire
Afin de la baptiser.

Nous fêtons, gais enfants,
  En famille,
    Notre fille,
Nous fêtons, triomphants,
La Chorale et ses neuf ans.

3

Par nos bravos saluée,
L'enfant bien constituée,
D'une voix accentuée
Essaya de solfier;

Mais son gosier formidable
Fut au solfége intraitable,
Et l'enfant, comme un beau diable,
Se mit de suite à crier.

Nous fêtons, gais enfants,
    En famille,
    Notre fille,
Nous fêtons, triomphants,
La chorale et ses neuf ans.

4

Son directeur, homme habile,
Rendit l'étude facile
A cette enfant indocile
Qui grandit très-sagement.
Au travail comme à la fête
Elle était toujours en tête,
Et c'est avec sa *Retraite*
Qu'elle eut son avancement.

Nous fêtons, gais enfants,
    En famille,
    Notre fille,
Nous fêtons, triomphants,
La Chorale et ses neuf ans.

5

De Dijon à Saint-Etienne,
De Londre au bord de la Seine,
La jeune musicienne
Allait, disant ses chansons;
Et l'artiste consommée,
Aux succès accoutumée,
Sut bâtir sa renommée
Avec l'aide des **Maçons**.

Nous fêtons, gais enfants,
    En famille,
    Notre fille,
Nous fêtons, triomphants,
La Chorale et ses neuf ans.

6

Depuis ce temps la Chorale
Dans les concours se signale;
Pour sa marche triomphale
Elle entasse les lauriers.
Par sa force magistrale
Elle a gagné, sans égale,
La faveur municipale
Et l'estime des pompiers.

Nous fêtons, gais enfants,
    En famille,
    Notre fille,
Nous fêtons, triomphants,
La Chorale et ses neuf ans.

7

Quoique leste en sa parole,
Son esprit n'est pas frivole;
Par ses chants elle console
Et soulage le malheur.
Son âme est compatissante,
Et de l'enfant bienfaisante
La ville reconnaissante
Sait apprécier le *chœur*.

Nous fêtons, gais enfants,
    En famille,
    Notre fille,
Nous fêtons, triomphants,
La Chorale et ses neuf ans.

8

Fidèle aux vertus premières,
L'enfant aux cinquante pères,
En des jours longs et prospères
Va prendre un nouvel essor.

Puisse-t-elle, heureuse et fière,
Pour illustrer sa carrière,
Accrocher à sa bannière
Cinquante médailles d'or !

Nous fêtons, gais enfants,
    En famille,
      Notre fille,
Nous fêtons, triomphants,
La Chorale et ses neuf ans.

9

Pour voir grandir notre fille,
Ne formons qu'une famille,
Que son harmonie y brille
Et protége nos travaux.
Ayons la même tonique
Et, malgré la politique,
Soyons d'accord... en musique
Et restons toujours *choraux*.

Nous fêtons, gais enfants,
    En famille,
      Notre fille,
Nous fêtons, triomphants,
La Chorale et ses enfants.

Avril 1866.

VARIA

FÊTE MUSICALE DE CLUNY

Donnée au bénéfice des pauvres par la Chorale
mâconnaise le 26 mai 1861.

Comme on devait donner un concert à Cluny,
Le comité choral se trouvait réuni.
Nous étions quatre. L'un, qui marche à notre tête,
Se chargeait à lui seul d'organiser la fête,
D'avoir la haute main sur le moindre détail,
De veiller au voyage, à nos chœurs. Le travail
N'était pas difficile. — Il n'avait rien à faire,
Grâce aux soins éclairés et bienveillants du maire
Qui nous reçoit ici. — Par des chants sérieux,
L'autre allait relever nos chœurs défectueux,
Et la chanson comique incombait au troisième.
Quand il fallut fixer un rôle au quatrième,
On fut embarrassé. — Je vis avec effroi
Qu'on voulait, à mon tour, m'infliger quelque emploi.
J'aurais pris volontiers l'emploi du quatrième
Officier de Malbrough. — J'en conviens tout bas — j'aime

Cet officier qui garde un silence prudent
Tout en ne portant rien ; mais notre président,
Au lieu de respecter ma réserve discrète,
M'ordonna — le tyran — de faire ici la quête.
« Bien plus, ajouta-t-il, pour varier nos airs,
Vous direz au profit des pauvres quelques vers. »
J'ai dû me résigner ; résignez-vous de même,
Messieurs, pour m'écouter.
                          Dans une peine extrême
Me voilà devant vous. Je sens que le succès
De la quête dépend des vers bons ou mauvais.
Veuillez donc m'accueillir ainsi qu'un pauvre artiste ;
Pardonnez au poëte en faveur du choriste.
Les pauvres et mes vers ont doublement compté
Sur vos cœurs indulgents, sur votre charité.

Que n'ai-je, en mes discours, le talent nécessaire
Pour vous intéresser ! Sous ma parole austère
Je vous tiendrais émus. Je vous arracherais
Des larmes de pitié, Messieurs, je vous dirais :
Pensez qu'un malheureux pour nous doit être un frère ;
Pensez au laboureur, ce forçat de la terre,
Mal nourri, mal logé, tremblant sous le haillon,
Et qui creuse sa fosse en traçant son sillon ;
Pensez aux orphelins, aux veuves désolées,
Au vigneron pleurant sur ses vignes gelées,

Au vieillard affaissé qui, de son bras tremblant,
Ne peut plus manier le hoyau vigilant.
— Oui, l'aumône est pour Dieu la plus douce prière ;
Donnez. — N'oubliez pas, hélas! que la misère,
Tandis que nous chantons en chœur un gai refrain,
Nous écoute à la porte en nous tendant la main.

Ah! n'entendez-vous pas sous cette voûte antique
Résonner un écho de la foi catholique?
C'est là que les abbés, dans leur zèle chrétien,
Aux pauvres partageaient le pain quotidien.
Imitons-les. Payons la dîme à l'indigence.

Mesdames, quant à vous, je suis certain d'avance
Qu'en ce jour vous serez bonnes ; — le mot bonté
A rimé de tout temps en France avec beauté.
Si vous êtes aussi généreuses que belles,
Je glanerai vers vous des aumônes nouvelles ;
La moisson sera riche et, par votre concours,
Les mendiants seront heureux pour quelques jours.
La fête aura brillé par votre bienfaisance ;
L'honneur sera pour vous.
     J'aurai pour récompense
D'avoir pu faire, grâce à votre adhésion,
Avec de mauvais vers une bonne action.

AU PRÉSIDENT

En lui remettant une croix d'honneur offerte par la
Société chorale.

Ce soir, nous célébrons la gloire
De l'honorable président
Qui créa notre chœur ardent
Pour l'étude et pour la victoire.
Que *Bravet* dirige nos chœurs
De sa baguette magistrale.

Dans la Société chorale
Nous sommes cinquante chanteurs.

C'est par lui qu'en des jours prospères
Nous avons marché triomphants.
Il aima ses cinquante enfants
Ainsi que le meilleur des pères.
Il mit l'harmonie en nos chœurs
Avec sa grâce sans égale.

Dans la Société chorale
Nous sommes cinquante chanteurs.

Quelle bienveillance est la sienne !
Il encouragea nos progrès
Et fit applaudir nos succès
De Dijon jusqu'à Saint-Etienne.
Londre et Paris des gais lutteurs
Ont connu la voix colossale.

Dans la Société chorale
Nous sommes cinquante chanteurs.

Combien notre Chorale est fière ;
Que l'orphéon est honoré
En voyant qu'un ruban pourpré
Etoile votre boutonnière.
Et pour vous rendre les honneurs,
Car l'allégresse est générale,

Dans la Société chorale
Nous sommes cinquante chanteurs.

En poursuivant votre carrière,
A nous veuillez penser parfois,
Et quand vous mettrez votre croix
Rappelez-vous notre bannière.
Cinquante cœurs vous ont remis
Une souvenance amicale.

Dans la Société chorale
Nous sommes vos cinquante amis.

Décembre 1865.

RONDEAU.

A NADAUD.

Pour vous féter, poëte, ami Nadaud,
Deux fois mes vers alignés au cordeau
Vous ont frappé. Ma muse, à la troisième,
Rassurez-vous, n'agira pas de même.
Sur ses méfaits tirez donc le rideau.

Si, comme vous, sur le divin coteau,
Elle avait pris à Jouvence un peu d'eau,
Elle pourrait rajeunir son vieux thème
    Pour vous féter.

L'alexandrin étant un lourd fardeau,
Ma faible muse emploie un stratagème,
Et, pour vous faire esquiver un poëme,
Elle a pensé qu'un modeste rondeau
Saurait mieux dire en trois mots : Je vous aime,
    Pour vous féter.

    Banquet de Sainte-Cécile 1868.

PROLOGUES

HOROLOGUE

PROLOGUE

DE LA REPRÉSENTATION AU BÉNÉFICE DES PAUVRES

Donnée par la Société chorale le 12 juin 1862.

DISTRIBUTION.

Le Régisseur................ M. Jacques Lambert.

Le Théâtre représente un salon Louis XV.

LE RÉGISSEUR.

Voyons si tout est bien en ordre. Ah! que c'est beau!
Oh! la belle pendule et le joli tableau!
Charmant, éblouissant, quel luxe asiatique!

 Regardant le public.

De ce côté, la vue est non moins magnifique.

 Au public.

Ah! pardon, j'oubliais mes saluts. *Saluant.*

         J'ai l'honneur
D'être, comme toujours, votre humble serviteur,
Et je vous remercie, ô public idolâtre,
De votre empressement à venir au théâtre.
Pour vous fêter, j'ai mis mon bel habit d'Elbeuf,
Et, de la tête aux pieds, je suis tout battant neuf;
Que n'ai-je pu de même embellir ma figure!
Je viens vous débiter un discours d'ouverture;
Mon peu d'esprit en est tellement à l'envers
Que je ne sais que dire et que je parle en vers.
Une chose surtout, ici, me déconcerte;
On m'observe... Voyez cette porte entr'ouverte,

C'est notre président, là; puis là, les acteurs.
Ils attendent de moi quelques mots bien flatteurs.
Qu'on attende! En flattant j'aurais l'air d'un compère,
Et vous ne croiriez pas mon éloge sincère;
Car, si je voulais plaire à ces Messieurs, ce soir,
Il faudrait sur le nez leur casser l'encensoir.
Ils sont là, tout tremblants, derrière la coulisse;
Vous allez les juger; que leur sort s'accomplisse!
Je n'ose pas prévoir comme ils s'en tireront,
Et je crois qu'au profit des pauvres ils feront
De la pauvre besogne. Ah! ces pauvres choristes!
Le président leur fait croire qu'ils sont artistes.
Ils se sont mis à l'œuvre; ils ont, tout un long mois,
Répété, répété, fait des éclats de voix,
Et cela pour apprendre un petit vaudeville.
Plaignez le régisseur. Quel état difficile!
Je me suis vu dix jours en un tourment affreux;
Jusqu'au dernier moment j'étais sans amoureux,
Sans le moindre amoureux. Oh! cela vous étonne,
Mesdames; vous trouvez mon histoire bouffonne
Et vous n'y croyez point.
      Autre perplexité :
Il me manquait encore une ingénuité.
C'est rare. Par ces temps de jupes incongrues,
Les ingénuités ne courent pas les rues.
Ai-je cherché longtemps! Il paraît qu'il n'est pas

Pour ce rôle effacé beaucoup de candidats.
Heureusement, enfin, j'en ai pu trouver une,
Modeste... de talent, de beauté peu commune;
Elle a de la candeur, de la distinction;
L'an prochain elle tire à la conscription.
Vous allez l'admirer dans sa riche toilette;
Nous avons fait pour vous l'illusion complète
Avec un peu de blanc, du rouge de Piver
Et beaucoup de coton, — le coton se fait *cher*.
Mais nous avons de plus trois actrices. Nous sommes
En femmes bien montés : ce sont toutes des hommes.
Qu'ils ou qu'elles sont bien! Quels gracieux minois!
Quels accents enchanteurs! Quelles charmantes voix!
Ne vous attendez pas au moins à des merveilles,
Car, soit dit entre nous, je crains pour vos oreilles.

Quant à l'orchestre... ici mes discours seront brefs,
J'ai peur de m'attirer la haine des deux chefs.
Pourtant, il me serait bien doux, je le déclare,
D'abîmer en passant l'orchestre ou la fanfare,
Et je pourrais fort bien leur dire que parfois
L'archet s'emporte un peu; que la basse, aux abois,
Ne peut le rattraper à cause de son ventre;
Que le saxhorn rugit comme un tigre en son antre,
Ou que la clarinette, en ses flancs indiscrets,
Nourrit certains oiseaux que l'on mange aux navets;

Mais je n'en dirai rien. Il faut de l'indulgence,
Et nous en avons tous plus besoin qu'on ne pense.
Un choriste n'est pas un grand musicien ;
Réglez-vous là dessus et souvenez-vous bien,
Avant de vous armer d'une juste critique,
Qu'ici vous n'êtes pas à l'Opéra-Comique.

Vous, Mesdames, donnez à nos faibles travaux
Un peu d'attention et puis quelques bravos.
Messieurs, ne lorgnez pas nos timides actrices ;
C'est leur premier début, vous leur serez propices,
Et si, pour vous charmer, nos soins sont superflus,
Veuillez nous pardonner, nous ne le ferons plus.

PROLOGUE

D'OUVERTURE DU THÉATRE DE MACON

Joué le 5 Novembre 1864.

PERSONNAGES.

Un Monsieur qui a souscrit.......... M. Pinchard.
Deux laquais, personnages muets ou } M. Thevenet.
  peu s'en faut.................. } M. Jeandet.

Le Théâtre représente un salon splendide orné d'un fauteuil non moins doré que boiteux.

PROLOGUE.

LES LAQUAIS.

Monsieur, on n'entre pas, n'entrez pas sur la scène.

LE MONSIEUR.

Très-bien.

PREMIER LAQUAIS.

Le directeur défend qu'on s'y promène.

DEUXIÈME LAQUAIS.

N'entrez pas, on vous dit...

LE MONSIEUR.

Terminons ce débat ;
Sachez qu'ici je viens accomplir un mandat,
Et je n'en sortirai que par les baïonnettes.
Allez et faites-moi grâce de vos courbettes.

Les laquais sortent.

LE MONSIEUR *seul*.

Ces pauvres directeurs sont étonnants, ma foi,
Prétendre m'empêcher de pénétrer chez moi,

D'inspecter mon immeuble. Ah! c'est de l'arbitraire,
Car je suis de ces lieux un copropriétaire,
Attendu qu'ils ont fait une souscription
Pour mettre leur théâtre en réparation.
Quand j'ai vu qu'à donner vous étiez unanimes,
J'ai souscrit à mon tour pour... soixante centimes.
Je peux donc à bon droit me montrer exigeant;
Je veux voir si l'on a gaspillé mon argent.

Apercevant des taches de plâtre sur son habit.

Par exemple, on n'a pas lésiné sur le plâtre.
Grâce à nous, nous avons un beau petit théâtre.
J'en suis assez content. J'ai trouvé que partout
Les raccords étaient faits avec beaucoup de goût.
Si tout est bien, j'en dois remercier le maire;
Puisse-t-il agréer mon compliment sincère.
Bien d'autres avant moi l'en ont félicité,
Je ne suis que l'écho de toute la cité.

Enfin, nous possédons à Mâcon une salle
Très-propre, très-commode et presque colossale.
On pourrait, au besoin, entasser en ce lieu
Trois mille spectateurs... en se serrant un peu.
Du reste, pour les jours où la foule s'engage,
On a fait élever tout ce troisième étage;
Moyennant douze sous, là-haut c'est à bas prix,
Chacun peut s'assurer sa place au paradis.

On n'entend pas beaucoup les acteurs sous les cintres,
Mais on voit de plus près les chefs-d'œuvre des peintres.
Le pourtour, les couloirs sont très-bien disposés.
Pour donner de l'espace aux maris écrasés,
A la porte d'entrée on construit des cabines
Où les dames devront laisser leurs crinolines.
Mais ce n'est qu'un projet.
                        A propos, vous saurez
Que les bancs, les fauteuils ont été rembourrés;
On a sorti les clous et les noyaux de pêche;
On les a remplacés par de la paille fraîche,
Non, du crin végétal.
                    Avec de très-grands frais,
On a mis la coulisse au niveau du progrès.
On a refait la scène : Admirez cette rampe,
Où le gaz étincelle, où l'or brille en estampe.
Paris nous a fourni de somptueux décors,
Un salon Pompadour, des meubles à ressort,
Un grenier, un palais, une ferme bretonne,
Et l'on a renforcé l'orchestre... d'un trombone.
Je m'en serais très-bien passé.
                            Quant aux acteurs,
Ils n'épargneront rien pour plaire aux spectateurs.
On lèvera la toile à des heures exactes
Et nous vous donnerons des pièces en quinze actes.
Pourtant, si vous trouviez le spectacle un peu long,

Vous avez pour dormir des loges à salon.
La critique sur nous n'aura plus de contrôles,
Nous jouerons à ravir, nous saurons tous nos rôles;

Au souffleur.

Soufflez-moi donc plus fort. — Enfin, les Mâconnais
Se croiront transportés au Théâtre-Français.

Nos embellissements ne sont pas illusoires,
Je vais vous le prouver par quelques accessoires :

A la cantonade.

Apportez-moi, laquais, à souper.

Il frappe trois coups dans sa main.

Un, deux, trois.
Paraissez.

Deux laquais apportent une table servie et sortent.

On est prompt pour la première fois.
Que vous avais-je dit? Du luxe en toutes choses!
Des couverts de ruolz, du cristal et des roses!
Ces poulets de carton ont bien l'air d'être cuits;
On les aura repeints à neuf. — Oh! les biscuits
Sont vrais.

Il mange un biscuit et met les autres dans sa poche, en disant :

Pour mes enfants... Une assiette d'amandes!
Toujours le régisseur abuse des amendes.

Quelle est cette bouteille argentée au goulot?
Du Champagne signé du grand nom de Clicquot.
Un vrai nectar!

Il boit.

Faisons, à la manière antique,
Une libation à la muse comique :
Toi, qui caches souvent une sage leçon
Sous le masque moqueur de la folle chanson,
Protége ce théâtre ouvert sous tes auspices
Et rends à nos travaux les spectateurs propices;
O Muse, accorde-nous des bravos mérités.

Saluant le public.

Mesdames et Messieurs, je bois à vos santés.

TABLE.

	Pages
Triolet	5
Histoire de la Chorale	9
Toasts :	
Aux deux chefs	15
Aux vaincus	17
Histoire de la chanson. — A Nadaud	19
A moi	25
A Nadaud	29
A la paix	33
Concours d'Orphéons :	
Concours de Dijon	41
Grand concours de Paris	49
Concours de Lyon	59
Chansons :	
Monographie de la Chorale	69
La Chorale et ses neuf ans	75
Varia :	
Fête de bienfaisance de Cluny	83
A Pellorce	87
A Nadaud	89
Prologues :	
Représentation au bénéfice des Pauvres	93
Réouverture du théâtre de Mâcon	99

www.ingramcontent.com/pod-product-compliance
Lightning Source LLC
Chambersburg PA
CBHW070532100426
42743CB00010B/2052